# Low Carb Meeresfrüchte- und Fischrezepte

Entdecke die Geheimnisse der unglaublich kohlenhydratarmen Fischgerichte für deine Keto Lebensart

Von: Amy Moore

© Copyright 2019 : Amy Moore – Alle Rechte vorbehalten

Der Inhalt dieses Buches darf ohne schriftliche Genehmigung der Schriftstellerin oder des Verlegers nicht kopiert, dupliziert oder übermittelt werden.

Unter keinen Umständen übernehmen der Verleger oder die Schriftstellerin Verantwortung für Schaden, Entschädigung oder Geldverluste aufgrund der Information in diesem Buch, weder direkt oder indirekt.

Impressum:

Dieses Buch ist urheberrechtlich geschützt. Es ist nur für den persönlichen Gebrauch vorgesehen. Es ist verboten, ohne Genehmigung der Schriftstellerin oder des Verlegers, den Inhalt dieses Buches, im Ganzen oder teilweise, zu ändern, verteilen, verkaufen, benutzen, zitieren oder zu paraphrasieren.

Ausschlussklausel:

Bitte beachten Sie, dass die Information in diesem Buch nur zum Bildungs-und-Unterhaltungszweck vorgesehen ist. Alle Aufwände wurden gemacht, um genaue, aktuelle, zuverlässige und vollständige Auskünfte zu präsentieren. Ohne Gewähr. Der Leser erkennt an, dass die Schriftstellerin nicht versucht gesetzlichen, finanziellen, medizinischen oder sachkundigen Rat zu geben. Der Inhalt dieses Buches stammt von verschiedenen Quellen. Bitte lassen Sie sich von einem zugelassenen Experten beraten, bevor sie die in diesem Buch beschriebenen Techniken versuchen.

Indem der Leser dieses Buch weiterhin benutzt, stimmt er zu, dass die Schriftstellerin unter keinen Umständen für direkte oder indirekte Verluste verantwortlich ist, die durch die Benutzung der Anweisungen in diesem Dokument entstehen, einschließlich, aber nicht ausschließlich, durch eventuelle Fehler, Auslassungen oder Ungenauigkeiten.

Amerikanischer Originaltitel: Keto Seafood and Fish Recipes

Deutsche Bearbeitung: Ingrid Taylor

Inhaltsangabe

*Einführung: Fisch und Meeresfrüchte während der Keto-Diät genießen*

*Kapitel 1: Welche Fischarten können Sie bei der Keto-Diät essen?*

Wähle aus diesen Fischarten

Fischarten, welche man einschränken oder vermeiden sollte

Vorteile des Fischkonsums

Tipps zum Frischfischkauf

*Kapitel 2: Welche Meeresfruchtarten sind für die Keto-Diät geeignet?*

Meeresfruchtarten zum Essen

Meeresfruchtarten, welche Sie vermeiden oder einschränken sollten

Vorteile von Meeresfrüchten

Tipps zum Einkauf frischer Meeresfrüchte

*Kapitel 3: Keto konforme Fisch-Rezepte*

Gebackener Lachs mit Gurkennudeln und Thymian-Ghee

Mahi-Mahi mit Beurre Blanc

Thunfisch mit Geröstetem Brokkoli und Blumenkohl

Weißfisch Frikadellen mit Aioli

Gebackener Wildlachs mit Fenchel und Spargel

Gebratene Sardinen and Oliven

Gebackener Heilbutt mit Parmesankruste

Würziger Thunfisch mit Gurkenrollen

Heilbutt Ceviche

Räucherlachs-Salat mit Pfefferkörnern

Geschwärzte Tilapia Tacos

Gebratener Kabeljau

Gebackener Seebarsch mit Pesto

Gegrillter Schwertfisch am Spieß

Heilbutt Asado

*Kapitel 4: Keto konforme Meeresfrüchte-Rezepte*

Gebratene Jakobsmuscheln mit Wasabi Mayonnaise

Avocado mit Hummerfüllung

Mexikanische Garnelen Gazpacho

Manhattan Clam Chowder

Gebratene Softshell Krabbe

Cajun-Garnelen in Poblano-Chilis

Hummer Cobb Salat

Würziges Austern Ragout

Gebratene Jakobsmuscheln mit Knoblauch-Zitronen-Butter

Pilze mit Krabben- und Schinkenspeck-Füllung

Gemischter Meeresfrüchte Schmortopf

Shirataki Garnelen Pad Thai

Gebackene Hummerschwänze mit Knoblauch-Butter

Garnelen und Maisgrütze mit Rucola (Rauke)

Zoodles und Garnelen in Heller Soße

*Schlussbemerkung: Es ist an der Zeit, sich in der Küche an die Arbeit zu machen*

# Einführung: Fisch und Meeresfrüchte während der Keto-Diät genießen

Die Keto-Diät ist eine kohlenhydratarme, fettreiche Diät, welche es Ihnen ermöglicht, verschiedene Arten von Nahrungsmitteln zu essen – zugleich verlangt eine ketogene Diät allerdings auch, dass Sie bestimmte Arten von Nahrungsmitteln meiden, besonders jene, die kohlenhydratreich sind. Im Wesentlichen besteht Ihre Diät hauptsächlich aus Fett, mäßigen Mengen von Proteinen und geringfügigen Mengen von Kohlenhydraten – nur genug, um ohne Nährstoffmangel zu überleben.

Wenn Sie der Keto-Diät folgen, kann es vorkommen, dass Sie vielleicht hin und wieder mit sich ringen. Dies ist besonders dann der Fall, wenn Sie nicht genügend Abwechslung finden, und es Sie schließlich langweilt, immer wieder dieselben Mahlzeiten zu essen. Dann fangen Sie an, sich an frühere Essgewohnheiten und Mahlzeiten zu erinnern, und Sie geraten in Versuchung, Ihr Verlangen zu stillen.

Wenn Ihnen diese Lage bekannt vorkommt, machen Sie sich keine Sorgen – Sie sind nicht allein. Viele Keto-Diät Anfänger haben sich irgendwann auch so gefühlt. Aber die gute Nachricht ist, dass Sie Ihre Diät nicht aufgeben müssen. Dieses Buch ist dazu da, Ihnen zu helfen. Eine der wirksamsten Methoden, sich zu motivieren, ist, Ihre Diät interessanter zu gestalten. Tun Sie dies, indem Sie verschiedene Arten von Keto-freundlichen Lebensmitteln, Speisen und Rezepte suchen, welche Ihnen die Abwechslung bieten, die Sie brauchen, um sich an Ihren neuen Lebensstil zu halten.

Um Ihre Gesundheit und Ihren Stoffwechsel zu verbessern, ist der Kauf dieses Buches ein hervorragender Schritt. In diesem Sinne, herzlichen Glückwunsch! In diesem Buch werden Sie alles lernen, was Sie über den Fisch- und Meeresfrüchte-Verzehr während der Keto-Diät wissen müssen. Fische und Meeresfrüchte sind wunderbare Proteinquellen, sie beinhalten gute Fettmengen, und sie enthalten auch andere wichtige Nährstoffe, die Sie stark und gesund machen.

Im ersten Kapitel legen wir den Fokus auf Fisch. Wir beginnen damit, Ihnen die besten Fischarten für die Keto-Diät vorzustellen. Dieses Kapitel erklärt zusätzlich, warum Fisch eine besonders vorteilhafte Nahrung bei einer ketogenen Diät ist.

Das zweite Kapitel ähnelt dem Ersten – jedoch legen wir hier das Augenmerkt auf die Meeresfrüchte. Wie Sie schnell merken werden, sind die meisten Fisch- und Meeresfruchtarten bei der Keto-Diät empfehlenswert. Diese Lebensmittelgruppen enthalten normalerweise nur sehr kleine Mengen an Kohlenhydraten, und sind deswegen perfekt für die ketogene Diät geeignet. Nach diesen kurzen, aber sehr lehrreichen Kapiteln, erreichen wir das Interessanteste – den Hauptgrund, warum Sie sich entschieden haben, dieses Buch überhaupt zu kaufen.

Denn im dritten Kapitel werden Sie mehrere Keto-konforme Gerichte kennenlernen, welche verschiedene Fischarten als Hauptzutat darbieten. Die Rezepte stellen Lachs, Mahi-Mahi, Thunfisch, Sardinen, Heilbutt, Tilapia, Kabeljau, Seebarsch,

Schwertfisch und andere Weißfisch-Arten vor. Das Tolle an diesen Rezepten ist, dass Sie die Hauptzutat, nämlich den Fisch, je nach Geschmack, mit anderen, ähnlichen Fischarten ersetzen können. Diese Rezepte sind gesund, leicht verständlich, erfordern nur einfache Zutaten, und sind zum Bersten voll mit köstlichem Wohlgeschmack. Wenn Sie ein Liebhaber von Fisch sind, dann werden diese Rezepte ihre Diät bereichern, und Ihnen den weiteren Weg mit der Keto-Diät erleichtern.

Im nächsten Kapital werden Sie Ihr Wissen vertiefen – hier werden Sie lernen, verschiedene Meeresfruchtgerichte herzustellen. Die Rezepte beinhalten Jakobsmuscheln, Hummer, Garnelen, Krabben, Klaffmuscheln, Austern, und in einem Rezept können Sie Fisch und Meeresfrüchte zusammenwerfen, um ein herzhaftes, gesundes Gericht zu erhalten. Schon beim Lesen dieser Rezepte wird Ihnen das Wasser im Munde zusammenlaufen – und wird Sie vielleicht veranlassen, sofort zum Lebensmittelladen zu laufen, um alle Zutaten, welche Sie für die Vorbereitung brauchen, zu kaufen.

Obwohl dieses Buch kurz ist, enthält es eine Fülle an Information, welche Ihnen helfen wird, Abwechslung in Ihre ketogene Diät hinzuzufügen. Jedes einzelne dieser Gerichte wird Sie glücklich machen und Ihre Entscheidung bestätigen, die Keto-Diät begonnen zu haben. Ein weiterer Nutzen dieses Buches ist, dass es einfache Rezepte enthält, welche Ihre Kochkünste verbessern werden. Nachdem Sie mit diesen einfachen Rezepten geübt haben, können Sie sich auf ein höheres Niveau bringen, indem Sie schwierigere Rezepte entdecken.

Sehr bald werden Sie erkennen, dass die Keto-Diät doch gar nicht so schwer ist. Sie werden sich vielleicht sogar wundern, warum Sie nicht schon früher das Kochen zu einem Teil Ihres Lebensstils gemacht haben. Kochen kann ein erfüllendes und angenehmes Erlebnis sein. Wenn Sie selbst kochen, wissen Sie genau, dass Sie nur

Lebensmittel essen, welche für Ihre Diät geeignet sind. Und in diesem Sinne, lassen Sie uns anfangen!

Kapitel 1: Welche Fischarten können Sie bei der Keto-Diät essen?

Warum sind Lachs, Thunfisch, Heilbutt und andere Fische so ideal für die ketogene Lebensweise? Sie sind eine ausgezeichnete Quelle für Vitamine, hochwertige Proteine, essenzielle Fettsäuren, und zudem gelten sie als gesunde Nahrungsmittel. Diese Fische und Meeresfrüchte stellen daher eine hervorragende Hauptzutat dar, um gesunde und schmackhafte Keto-konforme Speisen zu kreiieren. Fisch ist köstlich, vielseitig und passt perfekt zu Ihrer neuen Diät.

Wenn es um Proteinquellen geht, gehört Fisch zu den gesündesten Lebensmitteln, welche Sie in Ihre Diät einarbeiten können. Fischprotein ist hochwertig, und es enthält zudem auch andere lebenswichtige Nährstoffe. Wenn Sie sich für fettreichere Fischarten entscheiden, werden Sie auch höhere Anteile von Vitamin D und Omega-3 zu sich nehmen. Obwohl es erscheinen mag, dass es schwierig sei, Fischgerichte zu kochen, werden

Sie schnell herausfinden, dass dies nicht immer so sein muss.

Später werden wir einige einfache Rezepte durchgehen, welche verschiedene Arten von gesundem und leckeren Fischen beinhalten. Fisch ist ein hervorragendes Nahrungsmittel, mit dem Sie fast alles machen können – backen, grillen, sieden, dämpfen, braten und vieles mehr. Egal, wie Sie Ihren Fisch zubereiten, Sie können sicher sein, dass Sie am Ende eine leckere Speise für sich und Ihre ganze Familie auftischen.

Wählen Sie aus diesen Fischarten

Wenn Sie gesund bleiben wollen, sollten Sie mindestens zweimal in der Woche Fisch essen. Fisch ist eine gesunde und fettarme Proteinquelle, welche ebenso gesunde Öle und andere wichtige Nährstoffe enthält. Was Fisch bei der ketogenen Diät betrifft, so haben Sie viele Möglichkeiten. Da fast alle Fischarten kohlenhydratarm sind, brauchen Sie sich keine Sorgen zu machen, dass Sie Ihre Diät nicht einhalten, wenn Sie mehr Fisch essen. Hier ist eine Liste mit den besten Fischarten für Ihre Diät:

1. Weißer Thunfisch (besonders der aus British Columbia und den Vereinigten Staaten)

Viele Thunfischarten sind sehr quecksilberhaltig, mit Ausnahme dieser Gattung. Wenn Sie weißen Thunfisch kaufen, suchen Sie denjenigen aus, welcher mit der Angel gefangen wurde, da deren Quecksibler- und Schadstoffwerte niedriger sind.

2. Makrele

Die Makrele ist eine fettreiche Fischart, welche genau in Ihre Diät passt. In Bezug auf Quecksilberwerte ist die Atlantische Makrele besser als die Spanische oder die Königsmakrele. Es ist also empfehlenswert, diese Art zu kaufen. Makrelen sind billiger als Lachs, und Sie können sie daher als Ersatz in Lachsrezepten benutzen.

3. Regenbogenforelle (Zuchtforelle)

Leider sind Seeforellen sehr schadstoffhaltig. Es ist daher besser, sich Zuchtforellen auszusuchen. Glücklicherweise ist diese Forellenart auf dem Fischmarkt leicht zu finden.

4. Wildlachs (von Alaska oder Silberlachs)

Alaskischer Wildlachs ist gesünder und bestanderhaltender als jede andere Art Lachs, die auf dem Markt zum Verkauf angeboten wird. Wenn Sie diese Art nicht finden können, dann ist der amerikanische Silberlachs die nächstbeste Wahl. Dieser Fisch ist sehr begehrt – und das ist auch verständlich. Lachs enthält eine hohe Anzahl gesunder Fettwerten, was ihn für die ketogene Diät perfekt macht. Er ist außerdem sehr schmackhaft – egal ob gekocht oder roh – und Sie können ihn in vielen Gerichten anwenden.

5. Wilde Sardinen (aus dem Pazifik)

Dieser winzige, günstige Fisch wird immer begehrter, da er auf mehr und mehr „Superfood"-Listen auftaucht. Er ist zwar klein, enthält jedoch mehr Omega-3 pro Portion als Thunfisch oder Lachs. Er ist auch einer der wenigen Lebensmittelarten, welche hohe Vitamin D Werte enthalten. Sardinen können auch in anderen Rezepten benutzt werden – Sie können sie sogar direkt aus der Dose essen!

Von diesen gesunden Fischen abgesehen, gibt es viele andere Fischarten, welche Sie bei der ketogenen Diät in gemäßigten Maßen essen können. Der Hauptgrund ist, dass diese Fische nicht so viele Fette enthalten wie diejenigen, die wir oben schon besprochen haben. Aber wenn Sie diese Arten in Gerichten benutzen, welche Butter,

Olivenöl, und andere gesunde Fette enthalten, dann können Sie sie öfter essen. Zu diesen Fischen gehören:

1. Wels

Wels, auch Catfish genannt, ist ein fettarmer Fisch, der gute Proteinwerte hat. Er ist ein kalorienarmer Fisch, den Sie ab und zu genießen können, während Sie der Keto-Diät folgen. Sie sollten jedoch den niedrigen Fettwert ausgleichen, indem Sie dazu eine fettreiche Beilage essen. Und ziehen Sie den Proteinwert dieses Fisches in Betracht, wenn Sie die Makronährstoffe des Tages zählen.

2. Kabeljau

Kabeljau ist ein weiterer fettarmer Fisch, der mehr Protein als Fett enthält. Sie können Kabeljau essen, um vorgeschriebene Tagesmenge von Proteinen zu erreichen, aber er ist nicht empfehlenswert, wenn Sie noch eine Menge Fett essen müssen, um den Tagesbedarf zu decken.

Allerdings schmeckt er gut mit fetthaltigen Zutaten, wie Butter und Öl. Wenn Sie also den Fettgehalt Ihrer Speise erhöhen möchten, achten Sie darauf, dass Sie Gerichte kochen, die diese gesunden Fette auch enthalten.

3. Tilapia

Dieses ist eine weitere Fischart, welche viel Protein in sich hat. Tilapia ist fettarm und zudem schmackhaft, vielseitig, und leicht nachkochbar. Wenn Sie einen kalorienarmen Tag machen müssen, ist dieser Fisch eine ausgezeichnete Wahl. Aber wie auch mit den anderen fettarmen Fischarten, sollten Sie fettreiche Zutaten benutzen, wenn Sie Tilapia kochen, um es Keto-gerechter zu machen.

Hier sind einige andere Fischarten, die Sie in gemäßigten Maßen essen dürfen. Und wie immer, wenn Sie sie für Ihre Diät passender machen möchten, kochen Sie sie mit fettreichen Zutaten!

- Sardellen

- Aal
- Flunder
- Schellfisch
- Heilbutt
- Hering
- Mahi-Mahi
- Flussbarsch
- Pollack
- Schnapper
- Klippenbarsch
- Seebarsch
- Rochen
- Seezunge
- Torpedobarsch
- Steinbutt

Fischarten, welche man einschränken oder vermeiden sollte

Während die meisten Fischarten für die ketogene Diät geeignet sind, gibt es einige, die Sie vielleicht einschränken oder vermeiden möchten. Der Grund dafür ist nicht, dass sie für diese Diät ungeeignet sind. Dennoch empfehle ich, diese Fische zu vermeiden, da sie entweder einen hohen Quecksilber- und Schadstoffwert haben, oder weil ihr Bestand schnell verringert wird.

Diese Fische sind:

1. Blauflossen Thunfisch (auch Großer Thunfisch genannt)

Diese Thunfischart wurde 2009 in die Liste der WWF der gefährdeten Tierarten eingetragen. Blauflossen Thunfisch enthält auch hohe Quecksilber- und Schadstoffwert, was sie für den Verzehr untauglich macht.

2. Zackenbarsch

Das ist eine weitere Fischart, welche hohe Quecksilberwerte enthält. Obendrein vermehren sich Zackenbarsche nicht so oft wie andere Fischarten, wodurch sie vom Überfischen gefährdet sind.

3. Seeteufel (Lotte)

Der Seeteufel ist ein sehr seltsam aussehender Fish, der auf dem Meeresboden lebt. Bedauerlicherweise hat er einen sehr frischen und milden Geschmack, was ihn zu einer sehr begehrten Zutat für Feinschmecker Speisen macht. Daher ist diese Fischart, wie der Blauflossen Thunfisch, in Gefahr überfischt zu werden, und es ist empfehlenswert, diesen Fisch zu meiden.

4. Orange Roughy (Granatbarsch/Kaiserbarsch)

Wie der Zackenbarsch auch, vermehrt sich dieser Fisch sehr langsam, und ist daher vom Überfischen gefährdet. Außerdem enthält der

Orange Roughy hohe Quecksilberwerte, sodass Sie diesen Fisch ohnehin meiden sollten.

5. Schwarzer Seehecht

Dieser Fisch ist auf Grund seines butterigen Fleisches sehr beliebt. Leider beschädigen die Methoden, die beim Fischen des Schwarzen Hechts benutzt werden, den Meeresboden, und bringen Meeresvögel in Gefahr. Außerdem enthält er hohe Quecksilberwerte.

6. Farmlachs

Während Wildlachs Ihrer Gesundheit dient, und daher empfohlen wird, muss Farmlachs gemieden werden. Diese Fischart hat hohe Schadstoffwerte, und obendrein werden ihr während der Aufzucht Antibiotika zugeführt.

Vorteile des Fischkonsums

Fisch bereichert Ihre ketogene Diät und macht sie gesünder. Die meisten Fischarten sind kohlenhydratarm, enthalten gute Mengen an Protein, und manche von ihnen sind sogar fettreich. Davon abgesehen enthält Fisch auch andere gesunde Nährstoffe, die der Körper braucht, um gut zu funktionieren. Die Vorteile des Fischverzehrs sind die folgenden:

1. Die Auswahl ist groß

Wenn es um Fisch geht, ist die Auswahl groß, denn es gibt so viele verschiedene Arten, die in Ihre Diät eingearbeitet werden können. Zudem können Sie diese verschiedenen Fischarten in verschiedenen Speisen benutzen – und sie auf verschiedene Weisen zubereiten. Obendrein müssen Sie nicht Bankrott gehen, um Fisch zu kaufen. Frischer Fisch ist verhältnismäßig erschwinglich – solange Sie sich nicht für die seltenen oder teuren Fischarten entscheiden.

Im Allgemeinen können Sie Fisch für Ihre Gerichte frisch, tiefgekühlt, in Dosen oder Konservengläsern in einer Anzahl von verschiedenen Geschäften kaufen. Wenn Sie in Meeresnähe leben, dann haben Sie Zugang zu einer größeren Auswahl. Besuchen Sie Geschäfte in Ihrer Umgebung, und sehen Sie, was angeboten wird. Das Tolle am Fisch ist, dass Sie ihn in Rezepten ersetzen können, solange Sie einen Fisch, der einen ähnlichen Geschmack und dieselbe Beschaffenheit hat, aussuchen.

2. Fisch ist reich an Omega-3 und anderen Fettsäuren

Die meisten Fischarten enthalten hohe Werte von Omega-3 Fettsäuren und, je nach Fischart, anderen Fettsäuren. Das ist ein ausgezeichneter Vorteil, da diese Fettsäuren eine bedeutende positive Auswirkung auf Ihre allgemeine Gesundheit haben – insbesondere die Ihres Herzens. Omega Fettsäuren können die Gefahr eines Schlaganfalls und einer Herzerkrankung verringern, den Triglyceride-Spiegel und den Blutdruck senken, zudem die Werte des nützlichen HDL Cholesterols erhöhen.

Jeden Tag genügend Omega-3 zu sich zu nehmen, hat auch positive Auswirkungen auf Ihre seelische Gesundheit. Diese Fettsäure kann gegen Angstzustände und Schwermütigkeit kämpfen, und kann sogar bei Kindern die Symptome des ADHS vermindern. Omega-3 kann auch das Risiko einer Alzheimerkrankung und anderen Arten von Gehirnerkrankungen verringern. Eine weitere gute Auswirkung ist, dass Omega-3 Entzündungen sowie die Entwicklung autoimmuner Krankheiten hemmen können.

Wenn es um Omega-3 und andere Arten von Fettsäuren geht, sind die fettreicheren Fische am wertvollsten. Abgesehen davon, dass sie diese Fettsäuren bieten, passen sie auch wunderbar zu Ihrer ketogenen Diät. Da diese Fische Protein enthalten, können Sie immer wieder fettreichen

Fisch essen, um gerade diesen und andere Vorteile zu nutzen.

3. Fisch enthält auch weitere Mikronährstoffe

Die genauen Anteile der Mikronährstoffe kommen darauf an, welche Art Sie zum Kochen und Genießen ausgesucht haben. Im Allgemeinen jedoch, enthalten die meisten Fische lebenswichtige Vitamine, Mineralien und Nährstoffe. Deshalb bezeichnet man den Fisch auch als „Superfood". Verschiedene Fischarten enthalten Jod, Selen, Vitamin D, Vitamin A, die B-Vitamine, Zink, Eisen und mehr. Bei kleineren Fischen müssen Sie die Gräten nicht entfernen – das bedeutet nämlich, dass Sie obendrein Calcium bekommen. Calcium ist für die Gesundheit Ihrer Zähne und Knochen essentiell. Ebenso wichtig ist es für den Herzrhythmus, gute Blutgerinnung und Muskelfunktionen.

4. Fisch enthält gute Mengen an Protein

Und schließlich enthält Fisch auch ein gutes Maß an Protein – besonders die fettarmen Fischarten. Das hilft Ihnen, Ihre fettfreie Körpermasse beizubehalten, während Ihre Organe und Gewebe weiterhin richtig funktionieren. Wenn Sie an einem Tag schon genug Fett aufgenommen haben, kann Ihre letzte Mahlzeite ein Gericht sein, welches fettarmen Fisch beinhaltet, um Ihren Proteinbedarf zu decken.

Tipps zum Frischfischkauf

Wenn es darum geht, frischen Fisch für eine Mahlzeit zu kaufen, müssen Sie darauf achten, dass Sie den frischesten verfügbarsten Fisch kaufen. Dies ist besonders wichtig, wenn Sie Ihre Gerichte im Voraus planen, sodass Sie die Gerichte, die Sie gekocht haben, länger aufbewahren können. Obendrein schmeckt frischer Fisch besser! Üblicherweise sind ganze Fische frischer und billiger. Daher werden Sie es vielleicht eher vorziehen, einen ganzen Fisch zu kaufen, und ihn dann filetieren zu lassen, als bereits vorbereiteten Fisch zu kaufen. Hier sind einige Sachen, auf die Sie aufpassen sollten, um die Frische des Fisches festzustellen:

- Überprüfen Sie den Tagesfang, oder fragen Sie den Verkäufer, welcher Fisch der frischste ist.

- Halten Sie Ausschau nach glänzendem und festem Fleisch –

wenn Sie es anfassen, sollte das Fleisch zurückspringen.

- Schnuppern Sie an dem Fisch – er sollte nicht einen starken Fischgeruch, sondern einen frischen Meeresduft haben.

- Die Augen sollten klar sein, und etwas hervortreten.

- Die Kiemen sollten feucht, und leuchtend rot oder rosa sein.

- Fischsteaks und Filets sollten eine einheitliche Farbe haben und sich feucht anfühlen.

- Außerdem sollte bei Steaks und Filets das Fleisch keine Lücken vorweisen.

- Unabhängig davon ob der Fisch ganz oder zerlegt ist, sollte er keine schwammige Beschaffenheit,

Verfärbung, oder gelbe oder braune Ränder haben.

Sobald Sie Zuhause ankommen – und Sie Ihren Fisch nicht sofort kochen möchten -wickeln Sie ihn fest in Frischhaltefolie ein. Dann setzen Sie ihn auf Eis, und stellen Sie ihn in den Kühlschrank, bis Sie Zeit haben, ihn zu kochen.

Kapitel 2: Welche Meeresfruchtarten sind für die Keto-Diät geeignet?

So wie der Fisch, sind auch die meisten Meeresfrüchte kohlenhydratarm und haben genügend Fett und Eiweiß. Vielmehr gibt es einige Meeresfrucht Arten, welche gar keine Kohlenhydrate beinhalten – zum Beispiel Garnelen und manche Krabben. Während Schalentiere möglicherweise einige Kohlenhydrate enthalten, können Sie diese trotzdem essen, solange Sie die Anzahl der Kohlenhydrate notieren, und diese Anzahl in Ihrer täglichen Makronährstoff-Tabelle eintragen.

Wenn Sie Meeresfrüchte für Ihre Keto-Diät aussuchen, vergewissern Sie sich, dass diese frisch sind. Auf diese Weise werden Sie ihren natürlichen Geschmack erleben, ohne Fischgeschmack. Außerdem können Sie, wenn Sie Ihre Mahlzeiten planen, und mit frischen Zutaten beginnen, Ihre gekochten Gerichte eine Weile im Kühlschrank aufbewahren, ohne sich sorgen zu müssen, dass die fertigen Speisen verderben werden. Meeresfrüchte sind eine weitere abwechslungsreiche Lebensmittelgruppe, da Sie sie auf verschiedene Weise zubereiten und in verschiedenen Gerichten benutzen können.

Wenn Sie vorhaben, Fisch und Meeresfrüchte zu einem Grundnahrungsmittel Ihrer Keto-Diät zu machen, wäre es sinnvoll, die Supermärkte, Bauernmärkte und Fischhandel in Ihrer Nähe zu besuchen. Auf diese Weise werden Sie genau wissen, welche Arten von Fisch in Ihrer Gegend reichlich vorhanden sind – und welche schwer zu bekommen sind. Es wird dann einfacher für Sie, einen Plan für Ihre Mahlzeiten aufzustellen, und

Sie wissen, welche Rezepte Sie auf die Schnelle für Ihren täglichen Bedarf, für Feiern und andere Anlässe zubereiten können.

Meeresfruchtarten zum Essen

Meeresfrüchte sind eine ausgezeichnete Wahl für die Keto-Diät. Sie enthalten gesunde Proteine, gesunde Fette, und die Mehrzahl der Meeresfrüchte sind kohlenhydratarm. Natürlich hängt der Kohlenhydratgehalt von der Art der Meeresfrüchte ab – entscheidend ist, dass Sie wissen, wie viele Kohlenhydrate die Meeresfrüchte, welche Sie kochen wollen, enthalten, und diese dann zu der Tagessumme hinzuzählen. Das ist derselbe Vorgang, den Sie bei anderen Nahrungsmittelarten auch machen, wenn Sie der Keto-Diät folgen.

Das Tollste an Meeresfrüchten ist, dass es so viel Auswahl gibt. Wenn Sie Meeresfrüchte als Ihre Hauptproteinquelle benutzen, können Sie die anderen Zutaten ändern, und ein neues Gericht erfinden, indem Sie nur eine andere Meeresfrucht wählen. Während Sie viele verschiedene Meeresfruchtarten bei der Keto-Diät essen können, zeige ich Ihnen hier einige der besten Auswahlmöglichkeiten:

1. Muscheln

Obwohl Muscheln Kohlenhydrate enthalten, sind sie sehr gesund und zudem eine ausgezeichnete Ergänzung für die ketogene Diät. Muscheln enthalten mehrere lebenswichtige Mikronährstoffe, wie zum Beispiel die B-Vitamine, Mangan, Eisen, Phosphor und Selen. Und obwohl Muscheln kalorienarm sind, sättigen sie schnell.

2. Austern (Zuchtaustern)

Zuchtaustern sind eine ausgezeichnete Wahl, da sie reich an Eisen und Omega-3 sind. Sie sind sogar umweltfreundlich! Austern ernähren sich von Algen und Nährstoffen, die sich im Wasser befinden, und reinigen es somit. Austern wirken sogar als natürliche Riffe, die andere Fischarten anlocken und ernähren. Bitte achten Sie darauf, dass wenn Sie Austern roh essen möchten, sie von einer sauberen Quelle kommen. Auf diese Weise bringen Sie sich nicht in Gefahr, eine Magenverstimmung zu bekommen.

3. Garnelen

Garnelen sind die am häufigsten benutzten Meeresfrüchte, welche in Speisen verwendet werden – und es gibt verschiedene Arten. Obwohl manche Leute es lästig finden, sie zu schälen, sind die Ernährungszuschüsse die Arbeit wert. Vom Protein und Fett abgesehen, enthalten Garnelen auch Vitamin D, Selen, die B-Vitamine, Eisen und Kupfer. Obwohl Garnelen Cholesterol enthalten, braucht Ihnen das keine Sorgen zu bereiten. Studien haben bewiesen, dass der Garnelenverzehr Ihre Triglyceriden senken können, und vielleicht auch das Verhältnis zwischen HDL und LDL verbessern.

Von diesen Möglichkeiten abgesehen, bestehen andere nährstoffreiche Meeresfruchtarten, die fett- und proteinreich, zugleich kohlenhydratarm sind, und somit gut in Ihre ketogene Diät passen. Dazu gehören:

- Abalone
- Kaviar
- Klaffmuscheln
- Krabbe
- Hummer
- Jakobmuscheln
- Tintenfisch (Kalmar)

Meeresfruchtarten, die Sie vermeiden oder einschränken sollten

Meeresfrüchte gehören zu den gesündesten und nährstoffreichsten Lebensmitteln, die es gibt. Nahrungsmittel, die aus dem Meer kommen, enthalten Vitamine, Mineralien, und andere gute Sachen, welche ihnen einen hohen Nährwert verleihen. In Bezug auf Meeresfrüchte, passen alle

Arten zu der Keto-Diät. Suchen Sie sich bestenfalls die aus, welche kohlenhydratarm sind, und wenn Sie welche essen möchten, die Kohlenhydrate enthalten, beschränken Sie die Mengen etwas. Trotz dieser Wahlfreiheit müssen einige Risiken in Betracht gezogen werden:

1. Allergien

Dieses ist eine der häufigsten Gefahren des Meeresfruchtverzehrs – eine allergische Reaktion. Wenn Sie zum ersten Mal Meeresfrüchte essen, ist es am besten, wenn Sie nur eine kleine Menge essen, um zu sehen, ob Ihr Körper darauf reagiert. Obwohl es unwahrscheinlich ist, dass Sie gegen alle Meeresfrüchte allergisch sind, könnten Sie bei manchen Arten allergisch reagieren. In diesem Fall vermeiden Sie die Art, gegen die Sie allergisch sind, sodass Sie nicht die Folgen erleiden müssen.

2. Methylquecksilber

Auf Grund der Umweltverschmutzung sind inzwischen mehrere Fisch- und

Meeresfruchtarten quecksilberbelastet – Quecksilber ist eine Art von Nervengift. Obwohl dieses Problem mehr die Fische, als die Meeresfrüchte betrifft, ist es trotzdem beachtenswert. Nahrungsmittel, die quecksilberbelastet sind, sind für Kinder und schwangere Frauen besonders gefährlich, und sollten daher gemieden werden. Um dieses Risiko zu umgehen, wählen Sie Ihre Meeresfrüchte gewissenhaft, und prüfen Sie dieser immer auf ihre Herkunft.


Vorteile der Meeresfrüchte

Der Verzehr von Meeresfrüchten ist genauso gesundheitsfördernd, wie der Verzehr von Fisch. Die Amerikanischen Herzstiftung berichtet, dass der Verzehr von Fisch zweimal die Woche die Gefahr eines Schlaganfalls oder eines Herzinfarkts bedeutend vermindern kann. Das betrifft jede Art von Diät. Diese Tatsache ist nicht erstaunlich, denn Meeresfrüchte enthalten viel entzündungshemmendes und herzfreundliches Omega-3 im Vergleich zu anderen Nahrungsmitteln. Wenn Sie die Keto-Diät einhalten, sollte es sehr einfach sein, Meeresfrüchte in ihren Speiseplan einzuarbeiten, denn die Mehrzahl der Meeresfrüchte ist sehr kohlenhydratarm. Außerdem sind Meeresfrüchte sehr vielseitig, sodass Sie sie in vielen verschiedenen Speisen benutzen können – einige davon werden Sie später kennenlernen.

Der Begriff „Meeresfrüchte" bezieht sich oft auf Meeres- und Süßwasserschalentiere – manchmal schließt es auch Fisch mit ein. Auch werden Pflanzen wie Meeresalgen und essbare Algen oft als Meeresfrüchte angesehen. Der Verzehr von Meeresfrüchten während der Keto-Diät, hilft Ihnen, den Wert Ihrer Omega-3 Zufuhr zu erhöhen. Omega-3 und andere Fettsäuren sind für die Gesundheit wichtig, da sie vom Körper nicht selbst hergestellt werden können. Daher müssen Sie Nahrungsmittel, in denen sie vorhanden sind, essen.

Meeresfrüchte enthalten eine Omega-3 Fettsäure, die als DHA bekannt ist. Sie ist wichtig für den gesunden Zustand von Haut, Retina (Netzhaut), Sperma und Gehirn.

Meeresfrüchte sind auch eine ausgezeichnete Quelle von wichtigen Mineralien, B-Vitaminen, Antioxidantien und fettlöslichen Vitamine. Hier sind einige weitere Vorteile, die Sie erwarten, wenn Sie Meeresfrüchte essen:

1. Sie verbessern die Gesundheit des Gehirns

Wie schon vorher erwähnt, sind Meeresfrüchte eine ausgezeichnete DHA-Quelle. Laut Forschung spielt DHA eine einzigartige und wichtige Rolle in der Nervenhaut des Gehirns. DHA ist daher für den gesunden Wachstum und der Entwicklung des Gehirns unerlässlich. Es kann sogar das Gehirn vor dem Altern und der Entwicklung neurodegenerativer Erkrankungen schützen.

2. Sie helfen ihrem Körper, Krankheiten vorzubeugen

Sie können mehrere Krankheiten – wie zum Beispiel Fettleibigkeit, Herz-Kreislauf-Erkrankung, Zuckerkrankheit, und einige Krebsarten – vermeiden, indem Sie Ihren Lebensstil und Ihre Ernährung verbessern. So kann Ihr Risiko diese – und andere – Krankheiten zu entwickeln, verringert werden, wenn Sie mehr Meeresfrüchte und Fisch essen. Laut Wissenschaftlern kommen die meisten vorbeugenden Vorteile von den hohen Werten an Omega-3 Fettsäuren.

Pflanzliche Meeresfrüchte, wie Algen und Seetang bieten besondere Vorteile. Sie enthalten hohe Werte an Phytochemikalien und Antioxidantien-. Manche von diesen Meerespflanzen enthalten auch viel Jod – ein Nährstoff, welcher für die Gesundheit der Schilddrüse unentbehrlich ist. Seetang enthält auch Omega-3, jedoch in sehr geringen Mengen.

3. Höherer Vitamin D Zufuhr

So wie der Fisch, sind auch Meeresfrüchte eine ausgezeichnete Vitamin D3 Quelle. Diese Form von Vitamin D ist die bioverfügbarste, und ist für einen gesunden Stoffwechsel, gesunde Knochen, und die Abwehrkraft unentbehrlich. Da Vitamin D3 fettlöslich ist, ist es normalerweise mehr in fettreichen Fischen und Meeresfrüchten vorhanden.

Tipps zum Einkauf frischer Meeresfrüchte

Was den Meeresfrucht Einkauf angeht – und das trifft auch auf einige Fischarten zu – da haben Sie die Wahl zwischen frischen und tiefgefrorenen Produkten. Das ist besonders wichtig, wenn Sie in einer Gegend wohnen, wo man keinen leichten Zugang zu frischen Meeresfrüchten hat. Manche Rezepte verlangen tiefgefrorene Meeresfrüchte – Sie brauchen sie lediglich als Teil der Vorbereitung aufzutauen. Ganz gleich, ob Sie frische oder tiefgefrorene Meeresfrüchte benutzen möchten, hier sind einige Tipps für Sie:

1. Frische Meeresfrüchte

    - Frische Klaffmuscheln, Muscheln und Austern werden normalerweise lebend verkauft, weil ihre inneren Organe nach dem Tod schnell verderben. Deshalb müssen Sie beim Kauf darauf achten, dass die Schalen fest verschlossen und unbeschädigt sind.

    - Frisch aus der Schale gelöste Austern sollten frisch riechen und sollten von einer grauen Flüssigkeit umgeben sein.

    - Krabben und Hummer sollten ebenfalls lebend verkauft werden, da sie nach dem Tod schnell verderben. Vergewissern Sie sich deshalb, dass sich diese Tiere noch bewegen, wenn Sie sie kaufen.

    - Garnelen sollten einen milden Geruch und festes Fleisch haben. Die Schalen sollten keine dunklen Flächen,

schwarze Kanten oder schwarze
Flecken haben.

- Wählen Sie Tintenfische, die volle, klare Augen haben, deren Haut cremig weiß mit rotbraunen Flecken ist, und deren Fleisch fest ist.

2. Tiefgefrorene Meeresfrüchte

   Tiefgefrorene Meeresfrüchte sollten in einer feuchtigkeitsfesten, engumhüllenden Verpackung sein. Vermeiden Sie Meeresfrüchte in beschädigter Verpackung.

   - Wenn Sie tiefgefrorene Meeresfrüchte aus der Tiefkühltruhe des Supermarktes nehmen, suchen Sie die aus, welche unterhalb der Lademarke liegen.

- Nehmen Sie eine Kühltasche zum Supermarkt mit, um zu vermeiden, dass Ihre Meeresfrüchte auf dem Rückweg anfangen zu tauen. Das ist besonders wichtig, wenn Sie weit entfernt vom Supermarkt leben.

Kapitel 3: Keto-konforme Fisch Rezepte

Nun, dass Sie mehr darüber wissen, wie Fische und Meeresfrüchte zu der Keto-Diät passen, wird es an der Zeit, dass Sie einige schmackhafte, gesunde, und einfache Rezepte erlenernen, die Ihre neue Diät bereichern werden. In diesem Kapitel werden wir verschiedene Rezepte durchgehen, deren Hauptzutat aus unterschiedlichen Fischarten bestehen. Wenn Sie Fisch lieben, und Sie nicht darauf warten können, die gesundheutlichen Vorteile zu genießen, dann können Sie schnell anfangen, diese interessanten Gerichte vorzubereiten.

Gebackener Lachs mit Gurkennudeln und Thymian-Ghee

Dieses gebackene Gericht ist einfach zuzubereiten und sehr geschmackreich. Der Lachs, welcher der Star dieser Speise ist, bietet viele nützliche, lebenswichtige Fettsäuren. Lachs ist eine ausgezeichnete Proteinquelle und zudem er ist auch noch so vielfältig!

Zeit: 20 Minuten

Portionen: 2

Zutaten:

- 2 EL Olivenöl

- 3 EL Butter oder Ghee

- 90 g grüne Oliven

- Salz

- Frische Thymianblätter

- 1 große Gurke

- 1 ganze Fenchelknolle (grobgeschnitten)

- 2 Lachsfilets (Wildlachs, mit Haut)

Anleitung:

1. Den Ofen auf 175°C vorheizen und ein Backblech mit Backpapier belegen.

2. Die Fenchelscheiben auf das Backblech legen, die Lachsfilets darauflegen, und Butter oder Ghee punktweise auf dem Lachs verteilen. Dann Thymianblätter darüber sprenkeln.

3. Das Backblech in den Ofen schieben und den Lachs etwa 15 Minuten backen.

4. Während der Lachs backt, benutzen Sie einen Spiralschneider, um die Gurkennudeln vorzuebreiten. Die Nudeln sanft ausdrücken, um sie zu entwässern.

5. Die Gurkennudeln in eine Schüssel geben, sie mit Olivenöl anmachen, und schwenken, sodass sie gleichmäßig mit Öl bedeckt sind. Die Nudeln auf den Tellern anrichten.

6. Das Backblech aus dem Ofen nehmen und die Lachsfilets auf die Nudeln legen. Mit Salz würzen und die Oliven darüber verteilen.

## Mahi-Mahi mit Beurre Blanc

Dieses Keto-gerechte Hauptgericht wird Ihre Geschmacksnerven mit seiner gehaltvollen und butterigen Soße verwöhnen. Obwohl sich der Name dieser Speise sehr schick anhört, ist sie wirklich einfach zuzubereiten. Ganz gleich, ob Sie es nur für sich selbst kochen wollen, oder für Ihre Lieben – dieses Gericht wird auf jeden Fall beeindrucken.

Zeit: 20 Minuten

Portionen: 6

Zutaten:

- 1 EL Dill (frisch, gehackt)
- 2 EL Petersilie (frisch, gehackt)
- 60 ml Schlagsahne
- 60 ml Olivenöl
- 60 ml Weißwein
- Saft einer Zitrone

- 110 g Butter

- 3 Speckstreifen

- 6 Mahi-Mahi Filets

- Salz

- Pfeffer

Anleitung:

1. Die Speckstreifen etwa 5 Minuten braten, bis sie knusprig sind. Den Speck kleinhacken. Den Speck und das Fett beiseitelegen.

2. Die Mahi-Mahi Filets mit Salz und Pfeffer würzen. Es ist am besten, wenn sie großzügig gewürzt werden.

3. In einer Bratpfanne das Olivenöl bei mittlerer Hitze erhitzen. Sobald die Pfanne heiß ist, die Mahi-Mahi Filets auf beiden Seiten 3 Minuten braten.

4. Die Pfanne auf der Herdplatte lassen, aber die Filets auf einen Teller legen und warmhalten.

5. Den Weißwein in die Pfanne geben, und warten, bis er sirupartig ist.

6. Das Speckfett und die Schlagsahne dazugeben, und die Temperatur ausstellen. Die Butterstückchen hineinquirlen, und sie gründlich in die Soße mischen.

7. Die Kräuter, den Zitronensaft, den Speck, Pfeffer und Salz dazugeben, und alles gründlich mischen.

8. Die Soße über die gekochten Mahi-Mahi Filets gießen, und sie sofort auftischen.

Thunfisch mit Geröstetem Brokkoli und Blumenkohl

Eine der einfachsten und schmackhaftesten Arten, Gemüse vorzubereiten, ist sie zu rösten. Das erweicht das Gemüse, sodass es während des

Kochens mehr Geschmack aufnehmen kann. Das ist genau das, was Sie mit dem Gemüse in diesem Rezept machen werden. Machen Sie sich bereit für ein sättigendes und geschmackvolles Gericht – mit Thunfisch als Mittelpunkt.

Zeit: 25 Minuten

Portionen: 4 Bowls

Zutaten für die Thunfisch-Bowl:

- 5 g frische Petersilie ((frisch, feingehackt)

- 1 Brokkoli-Kopf (in Röschen zerteilt)
- 1 Blumenkohl (in Röschen zerteilt)
- 1 Zitrone
- 4 Dosen Thunfisch (je etwa 140 g, in Olivenöl oder Salzlake)
- Olivenöl
- Salz

Zutaten für die Soße:

- 1 EL Sesamöl
- 3 EL Tamari Sojasauce
- 60 ml Tahini

Anleitung:

1. Den Ofen auf 200°C vorheizen und das Backblech mit Backpapier belegen.

2. Die Brokkoli und Blumenkohl-Röschen auf dem Backblech ausbreiten, sie mit Olivenöl beträufeln, mit Salz und Pfeffer würzen. Ein Viertel der Zitrone darüber pressen. Die Röschen vorsichtig schwenken, um sie gleichmäßig zu bedecken.

3. Das Backblech für etwa 20 Minuten in den Ofen schieben.

4. Die Röschen aus dem Ofen nehmen und abkühlen lassen. Danach diese in eine Schüssel geben, Olivenöl und den Saft einer Viertel Zitrone dazugeben, und mit Salz würzen. Die Zutaten vorsichtig schwenken, um die Röschen gleichmäßig zu bedecken.

5. In einer anderen Schüssel die Soßen Zutaten gründlich vermengen.

6. Vier Bowls zuerst mit dem gerösteten Gemüse anrichten. Pro Schale den Inhalt einer Dose Thunfisch darauf geben, und die Soße darüber gießen.

Weißfisch Frikadellen mit Aioli

Diese Frikadellen eignen sich hervorragend für leichte Mahlzeiten oder als Beilage. Sie können die Weißfisch Art, welche Sie benutzen wollen, frei auswählen. Weißfisch ist toll, da er einen hohen Proteingehalt hat, und weil man ihn leicht mit gesunden Fetten servieren kann, um die Fetteinnahme des Tages zu erhöhen.

Zeit: 45 Minuten

Portionen: 18 Frikadellen (je nach Größe)

Zutaten für die Frikadellen:

- 1 TL Kreuzkümmel

- 1 TL Zitronenschale (frisch)

- 2 EL gehackte Petersilie

- 4 EL Flachsmehl

- 4 EL Ghee

- 50 g geriebener Parmesan Käse

- 540 g gekochten, gepressten Blumenkohl

- 750 g Kabeljaufilets (ohne Haut und Gräten – man kann auch anderen Weißfisch benutzen)

- 1 große Frühlingszwiebel

- 1 Knoblauchzehe (fein gehackt)

- 2 große Eier

- Schwarzer Pfeffer (frisch gemahlen)

- Salz

Zutaten für den Aioli Dip:

- 115 g Mayonnaise

- 2 Knoblauchzehen (fein gehackt)

Anleitung:

1. Einen EL Ghee und den gehackten Knoblauch in einen Topf geben. Bei mittlerer Hitze kochen, bis er duftet.

2. Den gepressten Blumenkohl dazugeben, und mit Salz und Pfeffer würzen. 5 bis 7 Minuten kochen lassen. Dabei ununterbrochen rühren, bis er weich und knusprig ist.

3. Den Blumenkohl in eine Schüssel geben und ihn beiseitelegen.

4. Die Fischfilets mit Salz und Pfeffer würzen.

5. Einen EL Ghee in denselben Topf geben und die Filets auf beiden Seiten zwei oder drei Minuten bei mittlerer Hitze kochen. Wenn die Filets fertiggekocht sind, werden sie nicht mehr glasig, sondern milchig-weiß und blättrig sein.

6. Den Fisch in eine Schüssel geben, und ihn 5 bis 10 Minuten abkühlen lassen.

7. Nachdem der Fisch abgekühlt ist, den gepressten Blumenkohl und die restlichen Zutaten dazugeben. Alles gründlich vermischen.

8. Portionen der Mischung nehmen, und sie zu Frikadellen formen. Die Anzahl der Frikadellen kommt auf ihre Größe und Dicke an.

9. Eine Pfanne bei mittler bis hoher Temperatur erhitzen, und einen EL Ghee dazugeben. Sobald die Pfanne heiß ist, diese auf mittlere Temperatur senken und anfangen, die Frikadellen zu braten. Die Frikadellen auf beiden Seiten etwa 3 bis 5 Minuten braten.

10. Die Zutaten der Soßen kombinieren und sie gründlich vermischen. Die Frikadellen heiß mit der Aioli Soße servieren.

Gebackener Wildlachs mit Fenchel und Spargel

Wenn Sie ein einfaches Rezept suchen, welches wenig Zubereitung erfordert, dann ist dieses Rezept gerade richtig. Die Kokos-Amino-Marinade dieser Speise hat einen einmaligen umami Geschmack, der perfekt zu dem Fisch passt. Verbinden Sie dies mit Spargel und Fenchel, und Sie haben innerhalb einer Stunde eine füllende, gesunde Speise.

Zeit: 40 Minuten

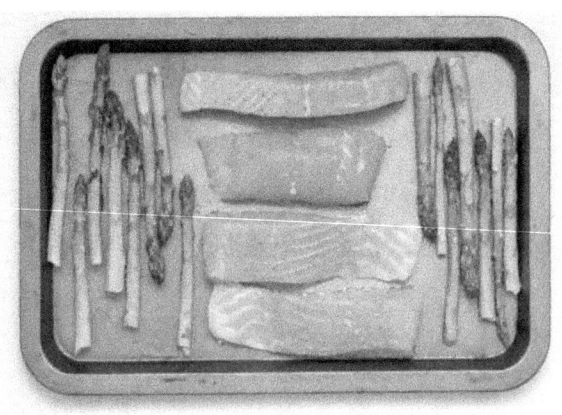

Portionen: 4

Zutaten: 1

- 1 TL rosa Himalayasalz
- 1 EL Kokos Aminos
- 1 EL Honig
- 1 EL getrockneter Seetang
- 1 EL frischer Zitronensaft
- 1 EL Olivenöl
- 45 g Fenchel (in dünne Scheiben geschnitten)
- 250 g Spargel
- 750 g Wildlachs (jegliche Art, nach Belieben)
- 2 mittelgroße Avocados (in Scheiben geschnitten)
- Chiliflocken (nach Belieben)
- Fenchelgrün

Anleitung:

1. Kokos Aminos, Honig, Seetang, Zitronensaft und Salz in eine kleine Schüssel geben und sie gründlich vermischen – das ist die Marinade.

2. Lachs und die Marinade in eine Schüssel geben. Gut vermischen. 30 Minuten ruhen lassen.

3. Inzwischen den Spargel dämpfen, und ihn zum Abkühlen beiseitelegen.

4. Den Ofen auf 180°C vorheizen. Ein Backblech mit Backpapier belegen.

5. Den Fenchel auf dem Backblech verteilen, und den marinierten Lachs darauflegen.

6. Das Backblech in den Ofen schieben, und das Gericht etwa 10 Minuten backen.

7. Das Backblech aus dem Ofen nehmen, und den Lachs und Fenchel auf Tellern anrichten. Mit Avocado Schnitten,

Fenchelgrün, Chiliflocken garnieren, und es mit Olivenöl beträufeln.

Gebratene Sardinen and Oliven

Wenn Sie sich abenteuerlustig fühlen, können sie dieses schnelle, einfache Gericht versuchen. Sie können ihn als Beilage oder sogar als einen ungewöhnlichen Imbiss genießen. Sardinen sind für die Keto-Diät eine ausgezeichnete Fischart, und zusammen mit Oliven, wird diese Speise Sie mit vielen Nährstoffen versorgen.

Zeit: 5 Minuten

Portionen: 1

Zutaten:

- 1 TL getrocknete Petersilie
- 1 TL Knoblauchflocken
- 1 EL Olivenöl
- 1 Büchse Sardinen (100 g, in Olivenöl)
- 5 schwarze Oliven

Anleitung:

1. Das Olivenöl in einem Topf erhitzen.
2. Den Rest der Zutaten dazugeben, und sie 5 Minuten braten. Dabei ununterbrochen rühren.
3. Sofort auftischen.

Gebackener Heilbutt mit Parmesankruste

Dieses Gericht ist die perfekte Zusammenstellung: Heilbutt hat einen milden Geschmack und eine feste Beschaffenheit, während die Parmesankruste Geschmack und Beschaffenheit perfekt ergänzt. In diesem einfachen Rezept können Sie den Heilbutt mit jeder Weißfisch Art ersetzen.

Zeit: 30 Minuten

Portionen: 6

Zutaten:

- 2 EL Knoblauchpulver
- 1 EL Semmelbrösel
- 1 EL getrocknete Petersilie
- 3 EL geriebener Parmesankäse
- 115 g Butter

- 6 Heilbutt Filets

- Schwarzer Pfeffer

- Koscher Salz

Anleitung:

1. Den Ofen auf 200°C vorheizen. Ein Backbleck mit Backpapier belegen.

2. Alle Zutaten, außer dem Heilbutt, gründlich vermischen.

3. Die Heilbutt Filets mit Küchenpapier trocknen, dann auf das Backblech legen.

4. Die Parmesan Mischung über die Filets streichen. Darauf achten, dass die ganze Oberfläche der Filets bestrichen ist.

5. Das Backblech in den Ofen schieben, und den Heilbutt 10 bis 12 Minuten backen. Dann die Temperatur auf 220°C erhöhen, und 2 oder 3 Minuten weiterbacken, bis die Filets goldbraun sind.

Würziger Thunfisch mit Gurkenrollen

Ein weiteres einfaches Gericht, welches Sie innerhalb von Minuten zubereiten können. Es ist proteinreich und voller Geschmack. Wenn Sie stark gewürzte Speisen lieben, und Sie nach etwas Einfachem suchen, dass Ihr Verlangen stillen kann, dann müssen Sie nicht weiter zu suchen.

Zeit: 5 Minuten

Portionen: 1

Zutaten für die Gurkenrollen:

- 1 EL Mayonnaise
- 2 TLKnoblauchpulver

- 2 TL Sriracha Sauce

- 1 Büchse Thunfisch (150 g)

- 1 Avocado (so breit wie die Gurkenstreifen geschnitten)

- 1 mittelgroße Gurke

- Schwarzer Pfeffer

- Salz

Zutaten für die Soße:

- 2 EL Mayonnaise

- 2 EL Sriracha Sauce

Anleitung:

1. Mit einem Sparschäler dünne Gurkenstreifen herstellen.

2. Überschüssige Flüssigkeit oder Öl vom Thunfisch abgießen. Den Thunfisch mit der Mayonnaise, dem Knoblauchpulver, der

Sriracha Sauce, Pfeffer und Salz in eine Schüssel geben, und alles gut vermischen.

3. Um die Gurkenrollen anzufertigen, legen Sie einen Gurkenstreifen auf eine flache Oberfläche. Die Thunfisch Mischung auf dem Streifen verteilen, aber am Ende etwa 2 ½ cm freilassen.

4. Avocado auf das Ende des Gurkenstreifens legen, und ihn stramm aufrollen.

5. Für die Soße, die Zutaten gut vermischen. Die Rollen mit der Soße beträufeln, und auftischen.

Heilbutt Ceviche

Wenn Sie Sushi, Poké und andere Gerichte mit rohem Fisch mögen, dann werden Sie auch dieses Ceviche Gericht lieben. Es ist ein ausgezeichnetes Rezept, wenn Sie noch nie rohen Fisch zubereitet haben. Und das Beste an diesem Rezept ist, dass Sie es einfach persönlich nach ihrem eigenen Geschmack gestalten können.

Zeit: 10 Minuten

Portionen: 2

Zutaten:

- 2 TL Brain Octane Oil

- 2 EL frischen, gehackten Koriander

- 2 EL eingelegte Radieschen (feingehackt, nach Belieben)

- 250 g Heilbutt (wild, Sushi-gradig, gewürfelt)

- 1 Frühlingszwiebel (in Scheiben geschnitten)

- 1 Limette (Saft)

- 1 kleine Avocado (gewürfelt)

- Schwarzer Pfeffer

- Salz

Anleitung:

1. Brain Octane Oil, Limettensaft und Salz in eine Schüssel geben, und mit dem gut vermengen.

2. Die restlichen Zutaten hinzufügen und vorsichtig schwenken.

3. Die Mischung halbieren und sofort auftischen. Wenn Sie nicht Sushi-gradigen Heilbutt

benutzen, können Sie die Speise ein paar Stunden in den Kühlschrank stellen, so dass der Limettensaft den Fisch „kochen" kann.

Räucherlachs-Salat mit Pfefferkörnern

Diese Speise sieht fantastisch aus, schmeckt prima, und ist so leicht vorzubereiten. Sie können dieses Gericht als leichte Mahlzeit, Vorspeise oder als Beilage zu einer mächtigen Speise genießen.

Egal, wofür Sie es planen, es wird Ihnen bestimmt gefallen.

Zeit: 5 Minuten

Portion: 1

Zutaten:

- 1 TL rosa Pfefferkörner (leicht zerstoßen)
- 55 g geräucherter Lachs
- 1 Handvoll Rucola Blätter (Rauke)
- 1 Zitronenscheibe
- 4 Oliven, (in Scheiben geschnitten)

Anleitung:

1. Die Oliven und die Rucola Blätter auf einen Teller legen.
2. Den geräucherten Lachs darauflegen.
3. Den Lachs leicht mit rosa Pfefferkörnern bestreuen.
4. Ihn mit einer Zitronenscheibe verzieren und auftischen.

Geschwärzte Tilapia Tacos

Dieses einmalige Rezept enthält massenweise Geschmacksorten. Es ist füllend, gesund, und es wird Ihnen helfen, sich an Ihre Keto-Diät zu halten. Wenn Sie vorhaben, diese Tacos bei einer Party aufzutischen, ist es empfehlenswert, die Tortillas im Voraus zu machen, da der Vorgang Zeit in Anspruch nimmt. Auf diese Weise brauchen Sie nur die Füllung vorzubereiten und mit der Zusammensetzung zu beginnen.

Zeit: 1 Stunde 30 Minuten

Portionen: 5 Tacos

Zutaten für die Tacos Schalen:

- ¼ TL Keto-gerechter Süßstoff (wie z.B. Xanthan)
- ½ TL Currypulver
- 2 TL Olivenöl
- 2 EL Flohsamenschalenpulver
- 250 ml gefiltertes Wasser

- 110 g Goldleinsamenmehl
- Kokosmehl
- Olivenöl

Zutaten für den Tilapia:

- 1 TL Chilipulver
- 1 TL Paprika
- 5 Tilapia Filets
- Schwarzer Pfeffer
- Salz

Zutaten für den Krautsalat:

- 1 TL Apfelweinessig
- 1 EL Limettensaft
- 1 EL Olivenöl
- 50 g Rotkohl, (in feine Streifen geschnitten)

Zutaten für die Tacos:

- Gehackter Koriander
- Guacamole (Avocado Dip)
- Limettenscheiben
- Saure Sahne

Anleitung:

1. Die trockenen Taco-Schalen Zutaten mischen, dann 2 TL Olivenöl und 250 ml Wasser hinzufügen.

2. Die Zutaten gut vermischen, um einen leichten Teig zu formen. Den Teig unbedeckt für eine Stunde beiseitelegen.

3. Den Teig in 5 Blöcke teilen. Jeden dieser Blöcke auf Kokosmehl ausrollen, um Taco-Schalen zu formen. Sie können auch eine Taco-Presse benutzen.

4. Den Teig so dünn wie möglich ausrollen, und dann ein rundes Objekt benutzen, um ihn auszuschneiden.

5. Öl in einer Pfanne bei mittlerer Temperatur erhitzen, und die Taco-Schalen eine nach der anderen braten.

6. Die Krautsalat Zutaten in eine Schüssel geben. Sie gründlich mischen und den Salat beiseitelegen.

7. Die Tilapia Filets auf beiden Seiten reichlich mit Paprika, Chilipulver, Pfeffer und Salz würzen.

8. Das Olivenöl in einer Pfanne erhitzen. Sobald es heiß ist, die Tilapia Filets hineinlegen, und sie auf beiden Seiten 3 Minuten braten. Darauf achten, dass die Außenseite angeschwärzt wird.

9. Die Filets aus der Pfanne nehmen, sie beiseitelegen, und sie abkühlen lassen.

10. Um die Tacos zusammenzusetzen, mit den Tilapia Filets anfangen. Dann Krautsalat, saure Sahne und Guacamole dazufügen. Limettensaft über alle Tacos auspressen, und sie mit frischem Koriander garnieren.

Gebratener Kabeljau

Dieses ist noch eine schnelle, einfache Speise, mit all den richtigen Aromas – Butter, Zitrone und Kräuter. Es sieht schwierig aus, aber Sie können dieses Gericht tatsächlich innerhalb von einigen Minuten herbeizaubern. Es ist das perfekte Gericht für Faulenzer Tage.

Zeit: 10 Minuten

Portionen: 4

Zutaten für den Fisch:

- 6 EL ungesalzene Butter

- 4 Kabeljau Filets

Zutaten für die Würzung:

- ¼ TL Knoblauchpulver

- ¼ TL gemahlener Pfeffer

- ½ TL Salz

- ¾ TL Paprikapulver

- Zitronenscheiben

- Frische Kräuter

Anleitung:

1. Die Würzungszutaten in eine Schüssel geben, und sie gründlich mischen.

2. Die Kabeljau Filets reichlich würzen.

3. 2 EL Butter bei mittlerer bis hoher Temperatur erhitzen. Die Kabeljau Filets hinzugeben und sie etwa 2 Minuten braten.

4. Die Kabeljau Filets wenden, die restliche Butter hinzugeben und bei mittlerer Hitze 3 bis 4 Minuten weiterbraten.

5. Die Pfanne vom Herd nehmen, den Fisch mit Zitronensaft beträufeln, und mit Kräutern bestreuen.

Gebackener Seebarsch mit Pesto

Für dieses Rezept benötigen wir alltägliche Zutaten –die Zusammensetzung dieser einfachen

Elementen erschafft jedoch ein hervorragendes Gericht. Da Seebarsch ziemlich fettarm ist, erhöhen die anderen Zutaten den Fettgehalt, während sie obendrein den Geschmack verfeinern.

Zeit: 15 Minuten

Portionen: 2

Zutaten:

- 1 TL Butter, Kokosöl oder Ghee
- 1 EL frischer Zitronensaft
- 4 EL Pesto
- 2 Seebarsch Filets
- Salz

Anleitung:

1. Den Ofen auf 200°C vorheizen und ein Backblech mit Backpapier belegen.

2. Die Seebarsch Filets mit der Hautseite nach unten auf das Backblech legen. Die Oberseite mit Butter bepinseln, mit Salz bestreuen, und mit Zitronensaft beträufeln.

3. Das Backblech in den Ofen stellen, und die Seebarsch Filets etwa 10 Minuten backen.

4. Das Backblech aus dem Ofen nehmen, und das Pesto über die ganze Oberfläche der Filets streichen.

5. Das Backblech in den Ofen zurückschieben und 3 bis 5 Minuten weiterbacken.

6. Das Backblech aus dem Ofen nehmen, und die Seebarsch Filets vor dem Auftischen etwa 5 Minuten abkühlen lassen.

Gegrillter Schwertfisch am Spieß

Nahezu alles, was aufgespießt und gegrillt ist, ist eine Gaumenfreude. Dieses Mal werden Sie eine einmalige Speise auftischen, indem Sie Schwertfisch und Pesto Mayonnaise benutzen.

Das Tolle an diesem Rezept ist, dass Sie zur Abwechslung andere feste Fisch- und Meeresfruchtarten benutzen können.

Zeit: 20 Minuten

Portionen: 4 Spieße

Zutaten für die Spieße:

- 1 EL Olivenöl

- 500 g Schwertfisch (gewürfelt)

- 16 Kirschtomaten

- Schwarzer Pfeffer

- Salz

Zutaten für die Sauce:

- 60 g Mayonnaise

- 60 g Pesto

Anleitung:

1. Den gewürfelten Schwertfisch in vier Portionen teilen.

2. Abwechselnd Kirschtomaten und gewürfelten Schwertfisch aufspießen.

3. Mit Salz und Pfeffer würzen, dann mit Olivenöl beträufeln.

4. Den Grill etwa 5 Minuten vorheizen. Die Spieße darunterlegen.

5. Jede Seite der Schwertfischwürfel 1 Minute grillen. Die Garzeit hängt von der Dicke der Schwertfischwürfel an – dickere Würfel müssen eventuell mehr als 2 Minuten

gegrillt werden. Behalten Sie die Spieße also ständig im Auge.

6. Für die Sauce alle Zutaten in eine Schüssel geben, und diese gründlich vermischen. Die Spieße zusammen mit der Sauce auftischen.

Heilbutt Asado

Sie können dieses einzigartige und schmackhafte Gericht blitzschnell in Ihrer Küche zubereiten. Genauso wie bei anderen Weißfisch Rezepten, können Sie den Heilbutt mit anderen Fischarten austauschen, je nach Geschmack oder vorhandener Mittel. Sie werden es nicht abwarten können, in diese Geschmacksmischung zu beißen.

Zeit: 10 Minuten

Portionen: 3

Zutaten:

- 1 TL rote Paprikaflocken
- 2 EL Koriander
- 60 ml Macadamianussöl
- 750 g Heilbutt (in Stücke geschnitten)
- ½ Zitrone (Saft)
- ½ Limette (Saft)

- 2 Frühlingszwiebeln (gehackt)
- 3 Knoblauchzehen (feingehackt)
- Schwarzer Pfeffer
- Salz

Anleitung:

1. Alle Zutaten, mit Ausnahme des Heilbutts, in eine Schüssel geben. Solange verquirlen, bis alles gut vermischt ist.

2. Den Heilbutt in eine flache Auflaufform legen, die Marinade darüber gießen, und den Heilbutt darin schwenken, um die Oberfläche zu bedecken.

3. Die Auflaufform bedecken, und sie für 2 oder 3 Stunden in den Kühlschrank stellen.

4. Den Grill vorheizen, und den Rost mit Ghee oder Macadamianussöl einfetten. Den marinierten Fisch auf den Rost legen.

5. Den Fisch 5 Minuten pro Seite grillen. Der Fisch ist gar, wenn er flockig und milchig-weiß ist. Den Fisch auf Teller legen und sofort auftischen.

Kapitel 4: Keto-gerechte Meeresfruchtrezepte

Wenn es um den Fischkonsum in der Keto-Diät geht, gibt es unendliche Möglichkeiten – und das bezieht sich ebenso auf andere Meeresfruchtarten. Fisch und Meeresfrüchte sind ausgezeichnete Proteinquellen, und je mehr Speisen Sie mit Meeresfrüchten machen, desto interessanter und abwechslungsreicher wird Ihre Keto-Diät sein. Nun, dass Sie schon einige einfache und leckere Fischrezepte kennengelernt haben, wird es an der Zeit, sich mit einer anderen Auswahl von Meeresfruchtgerichten zu beschäftigen. Lesen Sie weiter, um mehr zu lernen!

Gebratene Jakobsmuscheln mit Wasabi Mayonnaise

Dieses ist ein herrlich leichtes Gericht, welches Sie als Vorspeise, Beilage, oder als Hauptgericht auftischen können. Vorsichtiges Braten hebt seinen Geschmack hervor, besonders wenn Sie viel Butter benutzen! Wenn Sie dann die

Jakobsmuscheln mit Wasabi Mayonnaise verzieren, entsteht die perfekte Koombination.

Zeit: 20 Minuten

Portionen: 2

Zutaten:

- 1 TL Wasabi Paste
- 1 TL Wasser
- 1 EL Butter
- 2 EL Mayonnaise
- 2 Scheiben eingelegter Ingwer (gehackt)

- 8 große Jakobsmuscheln
- Schwarzer Pfeffer
- Schnittlauch
- Salz

Anleitung:

1. Die Wasabi Paste und Mayonnaise in eine kleine Schüssel geben und sie gut vermischen.

2. Die Jakobsmuscheln mit Küchenpapier trocknen, und sie mit Salz und Pfeffer würzen.

3. Die Butter in einer Bratpfanne bei mittlerer bis hoher Temperatur erhitzen. Wenn die Butter anfängt braun zu werden, die Jakobsmuscheln dazugeben, und auf beiden Seiten etwa 1 ½ Minuten braten.

4. Die Jakobsmuscheln auf zwei Teller setzen – je 4 Muscheln – und mit einem Schlag Wasabi Mayonnaise krönen.

5. Zum Schluss mit eingelegtem Ingwer und frischem Schnittlauch verzieren, und sofort auftischen.

Avocado mit Hummerfüllung

Die meisten Menschen denken sofort an vornehme Restaurants, wenn sie das Wort „Hummer" hören. Aber je mehr Sie sich mit Meeresfrucht Rezepten beschäftigen, desto schneller werden Sie erkennen, dass Hummer in Ihrer normalen Diät eine Rolle spielen kann – nicht nur zu besonderen Anlässen. Hier ist eine Speise, die das beweist.

Zeit: 15 Minuten

Portionen: 4

Zutaten:

- 1 EL Avocado Öl Mayonnaise
- 1 EL Zitronensaft (frisch)
- 2 EL Butter (geschmolzen)
- 500 g Hummerfleisch (zerkleinert, Zimmertemperatur)
- 2 Kalifornische Avocados (halbiert, entsteint)
- 1 Selleriestange
- 1 Frühlingszwiebel
- Schwarzer Pfeffer
- Schnittlauch (frisch, gehackt)
- Salz

Anleitung:

1. Hummerfleisch, Schnittlauch, Frühlingszwiebel und Sellerie in eine Schüssel geben.

2. Mayonnaise, Öl, Zitronensaft und Butter hinzufügen, und leicht schwenken, um es gleichmäßig zu bedecken. Mit Salz und Pfeffer würzen.

3. Die Avocado mit einem Löffel aushöhlen. Nur etwa 2 ½ cm Fleisch in der Schale lassen.

4. Die Hummermischung in die Avocado Schalen füllen – jeweils einen guten Klacks pro Schale.

5. Mit Schnittlauch verzieren und sofort auftischen.

Mexikanische Garnelen Gazpacho

Wenn Sie Gazpacho lieben, dann werden Sie ebenso diese Version des klassischen mexikanischen Gerichtes lieben. Die Mischung der leckeren Meeresfrüchte und der Suppe ist eine himmlische Zusammenstellung. Diese Keto-gerechte Speise ist vollgepackt mit kräftigen Aromen, die Sie immer wieder genießen möchten.

Zeit: 3 Stunden 15 Minuten

Portionen: 4

Zutaten für die Suppe:

- ½ TL Kreuzkümmel

- 1 EL Balsamico-Essig

- 120 ml Olivenöl

- 1 kg Strauchtomaten
- 1 Knoblauchzehe
- 1 Jalapeño
- 1 Limette (Saft)
- 1 mittelgroße Gurke
- 1 mittelgroße rote Zwiebel
- ½ rote Paprikaschote
- Meersalz

Zutaten für die Garnelen:

- ½ TL Knoblauchpulver
- ½ TL Paprika
- ½ TL Meersalz
- ½ EL Olivenöl
- 250 g Garnelen (geschält, entdarmt)

Zutaten für das Topping:

- 2 EL Gurke (gewürfelt)
- 2 EL rote Zwiebel (fein gehackt)
- 2 EL Tomaten (gewürfelt)
- 1 Jalapeño (dünn geschnitten)
- 1 mittelgroße Avocado (in Scheiben geschnitten)

Anleitung:

1. Die Suppenzutaten zerkleinern. Sie dann in einen Mixer geben. Kreuzkümmel, Balsamico Essig und Limettensaft dazugeben, und es pürieren, bis die Beschaffenheit ganz glatt ist.

2. Den Mixer auf einer tiefen Stufe laufen lassen, den Deckel abnehmen, und das Öl dazu träufeln, bis die Beschaffenheit cremig wird. Mit Meersalz würzen. Die Suppe in einen anderen Behälter umfüllen, und sie für mindestens 3 Stunden kühlen.

3. Die Garnelen erst kurz vor dem Auftischen der Gazpacho zubereiten. In einer kleinen Schüssel alle Garnelen Zutaten vorsichtig schwenken.

4. Eine Bratpfanne bei mittler bis hoher Temperatur erhitzen, die Garnelen hineingeben, und sie auf beiden Seiten etwa 3 bis 4 Minuten braten.

5. Die Suppe aus dem Kühlschrank nehmen, sie in Suppentassen löffeln, und die Garnelen darauf verteilen. Zuletzt Gurke, Zwiebel, Tomate, Jalapeño und Avocado dazugeben und anschließend auftischen.

Manhattan Clam Chowder

Diese herzhafte, gesunde Suppe ist einfach anzufertigen und ist außerdem auch kohlenhydratarm. Anstatt Kartoffeln, welche kohlenhydratreich sind, können Sie Sellerieknolle benutzen. Bereiten Sie diesen Feinschmecker

Chowder, um sich warmzuhalten, wann immer es draußen kalt ist.

Zeit: 30 Minuten

Portionen: 8

Zutaten:

- ½ TL Thymian (getrocknet)

- 2 EL Tomaten Püree

- 6 EL Butter

- 5 g Petersilie (frisch, gehackt)

- 90 g Paprikaschote (gewürfelt)

- 75 g Möhre (gehackt)
- 120 ml Weißwein
- 75 g Zwiebel (gehackt)
- 240 ml Muschelsaft
- 275 g Sellerieknolle (geschält und gewürfelt)
- 350 g Pflaumentomaten (ganz, mit Saft)
- 350 g Babymuscheln (Dose, mit Flüssigkeit)
- 1 Liter Hühnerbrühe
- 250 g Schinkenspeck (gewürfelt)
- 2 Lorbeerblätter
- 2 große Knoblauchzehen (grob gehackt)
- Schwarzer Pfeffer
- Salz

Anleitung:

1. Einen Suppentopf bei mittlere Hitze erhitzen. Sobald er heiß ist, eine kleine Menge Öl und den gewürfelten Schinkenspeck dazufügen. Den Speck beim gelegentlichen Umrühren etwa 5 Minuten braten, bis er knusprig ist.

2. Bei schwächerer Hitze Paprikaschote, Möhren, Zwiebel, Sellerieknolle und Knoblauch dazufügen. Alles umrühren und weiterbraten.

3. Den Wein hinzufügen und den Topf zudecken. Das Gemüse 2 oder 3 Minuten schwitzen lassen.

4. Den Deckel abnehmen, umrühren, und dann Lorbeerblätter, Tomatenpüree und Thymian hinzufügen.

5. Die Tomaten zerquetschen, und sie mit Saft, Muschelsaft und Hühnerbrühe in den Topf geben.

6. Bei höherer Hitze die Suppe aufkochen lassen. Sobald sie anfängt zu kochen, Hitze senken, und sie für 15 Minuten ziehen lassen.

7. Die Muscheln dazugeben, und den Chowder weiterhin ziehen lassen. Die Butter dazugeben, und rühren, bis sie geschmolzen ist.

8. Mit Salt und viel Pfeffer würzen, um den herzhaften Geschmack der Suppe hervorzuheben. Zum Schluss die Petersilie hineinrühren, und den Chowder heiß auftischen.

Gebratene Softshell Krabbe

Wer ist denn kein Fan von Gebratenem? Diese Speise ist knusprig, herzhaft und ganz unwiderstehlich. Machen Sie einmal etwas anderes als die normalen Krabbengerichte, und stellen Sie einen Schub von panierten Softshell Krabben her, die perfekt gebraten sind.

Zeit: 16 Minuten

Portionen: 2

Zutaten:

- 4 EL Barbecue Sauce
- 100 g Schweineschmalz
- 50 g Parmesan Käse (gerieben)
- 2 Eier (geschlagen)
- 8 Softshell Krabben

Anleitung:

1. Eine Bratpfanne mit dem Schweineschmalz bei mittlerer bis hoher Hitze erhitzen.

2. Die Krabben mit Küchenpapier trocknen.

3. Den Parmesan und die Eier auf zwei flache Platten geben.

4. Eine Krabbe erst ins Ei tunken, Überschüssiges abklopfen, sie dann in den Parmesan pressen. Darauf achten, dass sie ganz gleichmäßig bedeckt ist. Den Vorgang mit den restlichen Krabben wiederholen.

5. Die Krabben schubweise ins Öl geben, und sie auf beiden Seiten etwa 2 Minuten kochen.

6. Die Krabben heiß, mit Barbecue Sauce zum Eintunken, auftischen.

Cajun-Garnelen in Poblano-Chilis

Paprikaschoten sind großartig – man kann sie mit allem Möglichen füllen, darunter Fleisch, Meeresfrüchte, Käse und mehr. Und am Ende hat man die Wahl, ob man sie backt oder füllt. Dieses vielseitige Rezept können Sie auf verschiedene

Weisen ändern, je nach Ihren Vorlieben. Um Ihnen zu zeigen, wie simpel es ist, gefüllte Paprikaschoten zuzubereiten, ist hier ein einfaches Rezept für Sie.

Zeit: 55 Minuten

Portionen: 2

Zutaten:

- 2 TL Olivenöl

- 1 EL Cajun Gewürzmischung (oder mehr, nach Belieben)

- 1 EL scharfe Sauce (Ihre Wahl)

- 115 g Ziegenkäse

- 65 g Manchego Käse

- 150 g Zwiebel (gehackt)

- 325 g Garnelen (geschält und entdarmt)

- 1 Jalapeño (gehackt)

- 2 große Poblanos

- 2 Knoblauchzehen

- 12 Basilikum Blätter

- Koriander (frisch, gehackt)

Anleitung:

1. Die Poblanos auf ein Backblech legen und sie etwa 10 Minuten im Ofen bei 200°C garen. Die Haut sollte versengt und angeschwollen sein.

2. Die Poblanos aus dem Ofen nehmen, sie eine Weile abkühlen lassen, dann die Haut abziehen.

3. Die Poblanos halbieren und die Samen herauslöffeln. Die Poblanos auf ein großes, mit Backpapier belegtes, Backblech legen.

4. Die Garnelen und die Cajun Gewürzmischung in eine Schüssel geben, und sie vorsichtig schwenken, um die Garnelen ringsum zu bedecken.

5. Das Olivenöl in einer Pfanne bei mittlerer Hitze erhitzen. Jalapeño und Zwiebeln hineingeben, und 5 Minuten dünsten.

6. Knoblauch dazugeben, und eine weitere Minute dünsten. Das Gemüse aus der Pfanne nehmen, und es in einer Schüssel beiseitelegen.

7. Die Garnelen in dieselbe Pfanne geben, und sie 2 oder 3 Minuten pro Seite braten.

8. Die Garnelen aus der Pfanne nehmen, sie etwas abkühlen lassen, sie dann grob hacken und zu dem gekochten Gemüse hinzugeben.

9. Basilikum Blätter, Ziegenkäse, Manchego Käse und die scharfe Sauce dazugeben, und alles gründlich vermischen.

10. Die Poblanos mit der Mischung füllen.

11. Das Backblech in den Ofen schieben, und die Poblanos bei 190°C in 20 bis 30 Minuten garen.

12. Mit Koriander bestreuen und auftischen.

Hummer Cobb Salat

Dieses Gericht verleiht dem klassischen Cobb Salat eine leichte, sommerliche Note. Es ist eine sehr einfache Speise, die wieder die Gelegenheit bietet, Hummer auf eine köstliche und gesunde Weise zu benutzen. Sie können entweder den Hummer selbst kochen, oder Sie können ihn im

Fischgeschäft dünsten lassen. Sie können in diesem Rezept den Hummer auch mit Garnelen oder Krabben ersetzen.

Zeit: 20 Minuten

Portionen: 2

Zutaten für den Salat:

- 40 g  Avocado (gewürfelt)

- 90 g Maiskörner

- 60 g Traubentomaten (geviertelt)

- 470 g Hummerfleisch (gekocht, gekühlt, gehackt)

- 150 g Junge Salatblätter
- 2 Eier (hartgekocht, in Scheiben geschnitten)
- 4 Speckstreifen (gebraten, zerbröckelt)

Zutaten für das Dressing:

- 1 TL Dijon-Senf
- 4 EL Olivenöl
- 2 EL rote Zwiebel (gehackt)
- 3 EL Rotweinessig
- Koscher Salz

Anleitung:

1. Alle Dressing Zutaten in eine Schüssel geben, sie gründlich verquirlen und beiseitelegen.

2. Den Salat anrichten. Mit 75 g der jungen Salatblätter anfangen, dann die anderen Salat Zutaten darauf geben.

3. Mit der Vinaigrette beträufeln, und auftischen.

Würziger Austern Ragout

Diese gegrillten Austern haben es in sich. Wenn Sie ein Liebhaber von würzigen Meeresfruchtspeisen sind, liegen Sie hier richtig. Es ist einfach vorzubereiten, und besteht aus nur fünf Zutaten. Einfacher geht es nicht, außer Sie schlürfen die Austern roh!

Zeit: 12 Minuten

Portionen: 2

Zutaten:

- 1 EL Chili-

Knoblauch Paste

- 1 EL Olivenöl

- 12 Austern (enthülst)
- 7 Basilikum Blätter (frisch)
- Salz

Anleitung:

1. Olivenöl, Chili-Knoblauch Paste und Salz in einer Schüssel mischen.
2. Die Austern dazugeben, und sie vorsichtig darin schwenken.
3. Die Basilikum Blätter einschichtig auf ein Backblech legen.
4. Die Austern mit der Sauce über die Basilikum Blätter schütten, und sie gleichmäßig ausbreiten.
5. Das Backblech unter den vorgeheizten Grill schieben, und es 2 bis 3 Minuten grillen lassen.
6. Das Backblech herausnehmen und die Austern auftischen.

## Gebratene Jakobsmuscheln mit Knoblauch-Zitronen-Butter

Mit gebratenen Jakobsmuscheln liegen Sie nie falsch. Hier ist ein weiteres Jakobmuschelgericht, welches einfach und scharf ist, und die natürlichen, süßen Aromen des saftigen Schalentiers hervorbringt. Genießen Sie es mit einem fetthaltigen Salat, und Sie werden sich den ganzen Tag gesättigt fühlen.

Zeit: 15 Minuten

Portionen: 4

Zutaten:

- 1 EL Schnittlauch (frisch, gehackt)

- 3 EL Olivenöl

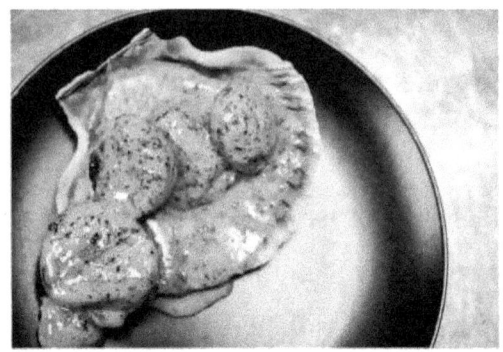

- 4 EL Butter

- 4 EL Petersilie (frisch, gehackt)

- 70 ml Hühnerbrühe

- 680 g Jakobsmuscheln (frisch, vorbereitet)

- 1 Knoblauchzehe (fein gehackt)

- 1 Zitrone (Saft und Schale)

- Schwarzer Pfeffer

- Salz

Anleitung:

- Das Olivenöl in einer Pfanne auf heißer Flamme erhitzen.

- Sobald es heiß ist, die Temperatur etwas senken, und die Muscheln schubweise hineingeben. Sie auf beiden Seiten etwa 3 Minuten braten.

- Die Muscheln herausnehmen und sie beiseitelegen.

- 3 EL Butter und den Knoblauch in dieselbe Pfanne geben. Den Knoblauch schwitzen, bis er weich ist. Die Hühnerbrühe dazugeben, und weiterkochen, bis sie etwas gebunden ist.

- 2 EL Butter, Zitronensaft, Zitronenschale und Kräuter dazugeben, und das Ganze sorgfältig vermischen.

- Die gebratenen Muscheln dazugeben, um sie aufzuwärmen. Sofort auftischen.

Pilze mit Krabben- und Schinkenspeck Füllung

Krabbe und Schinkenspeck? Kann man sich etwas Besseres wünschen? Diese zwei Hauptzutaten lassen schon das Wasser im Mund zusammenlaufen! Aber wenn Sie erst das Ergebnis sehen (und kosten), werden Sie dieses Gericht immer wieder kochen wollen.

Zeit: 50 Minuten

Portionen: 5

Zutaten:

- 1 EL Dijon Senf

- 60 ml saure Sahne

- 35 g ausgereifter Käse (Cheddar, gerieben)

- 50 g Parmesan Käse (gerieben)

- 170 g Rahmkäse (leicht gewärmt)

- 340 g Krabbenfleisch (frisch)

- 150 g Zuchtchampignons (ohne Stiele, gesäubert)

- 3 Knoblauchzehen (fein gehackt)

- 3 Frühlingszwiebeln

- 6 Schinkenspeck Streifen (gebraten, zerbröckelt)

- Schwarzer Pfeffer

- Meersalz

Anleitung:

1. Den Ofen auf 200°C vorheizen, und ein Backblech mit Backpapier belegen.

2. Die Champignon Hüte auf das Backblech legen, und sie etwa 10 Minuten backen.

3. Das Backblech herausnehmen, überschüssige Flüssigkeit, die sich womöglich angesammelt hat, wegschütten, und die Pilze beiseitelegen.

4. Die restlichen Zutaten, mit Ausnahme des Parmesans, in eine Schüssel geben und sorgfältig vermischen.

5. Die Krabben Mischung auf den Champignons verteilen.

6. Das Backblech in den Ofen zurückschieben, und die Champignon Hüte weitere 10 Minuten backen.

7. Das Backblech aus dem Ofen nehmen, den Parmesan auf den Pilzen verteilen, und das Backblech in den Ofen zurückschieben.

8. Die Pilz Hüte nochmals 5 bis 10 Minuten backen, und sie heiß auftischen.

Gemischter Meeresfrucht Schmortopf

Dieser Keto-gerechte Schmortopf ist durch seine cremige Soße, die delikate Würzung, und die Andeutung von Wein gekennzeichnet. Durch die Zugabe von Sellerie und Porree wird diese Speise noch schmackhafter und gesünder. Aber das Beste an diesem Gericht sind die verschiedenen Meeresfruchtarten, von denen Sie bei jedem Bissen überrascht werden.

Zeit: 50 Minuten

Portionen: 6

Zutaten für die Meeresfrüchte:

- ½ TL Old Bay Seasoning

- 240 ml trockener Weißwein

- 240 ml Wasser

- 300 g Kabeljau (gewürfelt)

- 500 Garnelen (geschält, entdarmt)

- 2 Lorbeerblätter

Zutaten für das Gemüse:

- 2 EL Butter
- 2 Selleriestangen (gewürfelt)
- 2 Porree Stangen (nur der weiße Teil, gewaschen, in Ringe geschnitten)
- Meersalz

Zutaten für die Soße:

- ½ TL Keto-gerechtes Süßstoff (z.B. Xanthan)
- 1 EL Butter
- 240 ml Schlagsahne
- Meersalz

Zutaten für Topping:

- 2 TL Old Bay Seasoning
- 1 EL Butter

- 1 EL Petersilie (frisch, gehackt)
- 50 g Parmesan Käse (gerieben)
- 25 g Mandelmehl (extra fein)

Anleitung:

1. Den Ofen auf 200°C vorheizen.

2. Trockenen Weißwein, Wasser, Old Bay Seasoning und Lorbeerblätter in einem Topf bei hoher Hitze erhitzen. Es drei Minuten ziehen lassen.

3. Es drei weitere Minuten bei niedriger Hitze ziehen lassen.

4. Die Garnelen in den Topf geben, und sie weiter ziehen lassen, bis die Garnelen weiß und undurchsichtig sind. Sie in eine Schale geben und beiseitelegen.

5. Den Kabeljau in den Topf geben, und ihn ziehen lassen, bis die Kabeljau Stücke

milchig weiß sind. Sie in eine andere Schüssel geben, und beiseitelegen.

6. Die Flüssigkeit bei mittlerer Hitze weitersieden lassen, um sie zu reduzieren. Wenn nur noch etwa 240 ml übrig sind, sie vom Herd nehmen, absieben, und beiseitelegen.

7. In einem anderen Topf, 2 EL Butter bei mittlerer bis hoher Hitze schmelzen. Den Sellerie und den Lauch dazugeben, mit Meersalz würzen. Das Gemüse braten, bis es gar ist und es anfängt zu bräunen. Den Topf vom Herd nehmen.

8. Das Gemüse in einer Schicht in eine Auflaufform legen. Eine einzige Schicht Meeresfrüchte darauflegen. Dann beiseitelegen.

9. Einen Esslöffel Butter und den Süßstoff in den Topf geben, in dem das Gemüse gekocht wurde.

10. Die reduzierte Flüssigkeit in den Topf gießen. Ununterbrochen rühren, bis die Mischung anfängt zu sieden. Temperatur senken, und die Mischung ziehen lassen.

11. Sobald die Mischung verdickt ist, die Sahne dazugeben. Zum Kochen bringen, dann ziehen lassen. Dabei ununterbrochen rühren, bis sie die Beschaffenheit einer Bratensoße erreicht hat.

12. Sobald die Beschaffenheit richtig ist, die Soße über die Meeresfrüchte und das Gemüse gießen.

13. Alle Topping Zutaten in einer Schüssel vermischen, mit der Ausnahme der Petersilie. Gut mischen, und über dem Auflauf verteilen.

14. Die Auflaufform in den Ofen schieben und 20 Minuten backen.

15. Die Auflaufform aus dem Ofen nehmen, mit Petersilie garnieren, und sofort auftischen.

Shirataki Garnelen Pad Thai

Dieses ist ein leichtes, schmackhaftes Gericht, für welches Shirataki Nudeln benutzt werden, um es für die Keto-Diät konform zu machen. Es ist eine raffinierte und interessante Wendung des klassischen Thai Gerichtes. Dieses Pad Thai hat eine frische, delikate Sauce, die köstlich ist – egal ob Sie es sofort essen, oder sptäer die Überreste kalt genießen.

Zeit: 20 Minuten

Portionen: 3

Zutaten:

- ¼ TL rote Paprika (zerstoßen)
- 1 TL Cashewnuss Butter
- 1 ½ EL Brain Octane Oil
- 2 EL Kokos Aminos
- 15 g Koriander
- 265 g Shirataki Nudeln (gekocht)
- 1 Knoblauchzehe (fein gehackt)
- 1 Limette (Saft)
- 2 Eier (geschlagen)

- 2 Frühlingszwiebeln
- 4 Cashews (zerstoßen)
- 18 mittelgroße Wildgarnelen
- Meersalz

Anleitung:

1. Rote Paprika, Cashewnuss Butter, die Hälfte des Brain Octane Oils, Kokos Aminos, Knoblauch und die Hälfte des Limettensafts in eine Schüssel geben.

2. Eine Bratpfanne bei mittlerer Hitze erhitzen. Die Garnelen, Meersalz nach Geschmack, und den Rest des Brain Octane Oils hineingeben. Die Garnelen auf beiden Seiten 2 Minuten braten.

3. Die Garnelen zur Seite schieben, und die Eier in die Pfanne geben. Die Eier etwa 1 Minute rühren.

4. Die Nudeln, die Soßen-Mischung, Frühlingszwiebeln und den Koriander dazufügen, alles schwenken, um es zu vermischen.

5. Zum Schluss den restlichen Limettensaft über die ganze Pfanne träufeln, und mit Salz abschmecken.

6. Das Pad Thai auf drei Tellern anrichten, mit zerstoßenen Cashews garnieren, und auftischen.

Gebackene Hummerschwänze mit Knoblauchbutter

Diese köstlichen Hummerschwänze werden mit Butter, Parmesan Käse und Knoblauch umhüllt, und dann perfekt gebacken. Es ist ein schmackhaftes Gericht, das Sie im Handumdrehen zusammenstellen können. Kochen Sie es für sich selbst, oder um Ihre Lieben mit dieser eleganten, und dennoch einfachen, Speise zu beeindrucken.

Zeit: 15 Minuten

Portionen: 4

Zutaten:

- 1 TL italienische Gewürzmischung

- 4 EL Butter

- 25 g Parmesankäse (gerieben)

- 1 Zitrone (Saft)

- 4 Hummerschwänze

- 5 Knoblauchzehen (fein gehackt)

- Salz

Anleitung:

1. Den Ofen auf 180°C heizen, und ein Backblech mit Backpapier belegen.

2. Die italienische Gewürzmischung, Butter, Parmesan Käse, Zitronensaft, Knoblauch und eine Prise Salz in eine Schüssel geben, und gut vermischen.

3. Die durchsichtige Haut der Hummerschwänze mit einer scharfen Schere entfernen.

4. Die Hummerschwänze mit der Knoblauchbutter-Mischung bestreichen.

5. Die Schwänze auf das Backblech legen.

6. Das Backblech in den Ofen schieben, und die Hummerschwänze etwa 15 Minuten backen. Wenn das Hummerfleisch undurchsichtig und fest geworden ist, ist es gar. Sofort auftischen.

Garnelen und Maisgrütze mit Rucola (Rauke)

Blumenkohl ist heutzutage einer der beliebtesten Gemüsearten, weil man sie auf so viele verschiedene Weisen kochen kann, und sie in einer Vielfalt von Rezepten benutzen kann. In diesem Rezept werden Sie Blumenkohl benutzen, um „Grütze" zu machen. Es ist ein weiteres köstliches und erfinderisches Rezept, welches so geändert wurde, dass es für die Keto-Diät geeignet ist.

Zeit: 30 Minuten

Portionen: 4

Zutaten für die Garnelen:

- ½ TL Cayennepfeffer

- 2 TL Knoblauchpulver

- 1 EL Olivenöl

- 1 EL Paprika

- 1300 g Garnelen (geschält, entdarmt)

- Schwarzer Pfeffer

- Salz

Zutaten für die Grütze:

- 1 EL Butter (ungesalzen)

- 115 g Ziegenkäse (zerbröckelt)

- 250 ml Vollmilch

- 1300 g gepresster Blumenkohl
- Schwarzer Pfeffer
- Salz

Zutaten für die Rucola:

- 1 EL Olivenöl
- 120 g junger Rucola
- 3 Knoblauchzehen (in dünne Scheiben geschnitten)
- Schwarzer Pfeffer
- Salz

Anleitung:

1. Die Garnelen in einen Beutel mit Reißverschluss geben.

2. Cayennepfeffer, Knoblauchpulver, Paprika, Salz und Pfeffer in eine Schüssel geben, und gründlich vermischen.

3. Diese Gewürzmischung in den Beutel mit den Garnelen schütten. Den Beutel verschließen und gut durchschütteln, um die Garnelen gleichmäßig zu bedecken.

4. Den Beutel in den Kühlschrank legen, um die Garnelen zu kühlen und zu beizen. Die Grütze und den Rucola vorbereiten.

5. Die Butter in einem Topf bei mittlerer Hitze schmelzen. Den zerpflückten Blumenkohl dazugeben, und ihn etwa 3 Minuten kochen, um ihn etwas auszutrocknen.

6. Die Hälfte der Milch dazu gießen und sie zum Köcheln bringen. Die Mischung etwa 8 Minuten köcheln lassen. Ab und zu rühren.

7. Die restliche Milch dazu gießen, und sie weitere 10 Minuten köcheln lassen, bis die Beschaffenheit cremig und dick ist.

8. Den Ziegenkäse hineinrühren, mit Salz und Pfeffer abschmecken, und die Mischung warmhalten.

9. Das Olivenöl bei mittlerer Hitze in einer Bratpfanne erhitzen.

10. Den Knoblauch dazugeben und für eine Minute kochen, bis er duftet.

11. Den jungen Rucola dazugeben und etwa 3 Minuten braten, bis die Blätter zusammengefallen sind.

12. Mit Salz und Pfeffer abschmecken, ihn in eine Schale geben, und ihn beiseitelegen.

13. Mehr Olivenöl in die Pfanne gießen. Die gewürzten Garnelen dazugeben, und etwa 5 Minuten braten.

14. Das Gericht auf 4 Tellern anrichten. Erst die Grütze auf die Teller löffeln, die Garnelen und den Rucola darauf verteilen, und sofort servieren.

Zoodles und Garnelen in Heller Soße

Dieses Gericht ist leicht, erfrischend, und mit genau den richtigen Aromen vollgeladen. Es ist erstaunlich einfach, und erweist sich als sehr sättigende Mahlzeit. Anstatt von kohlenhydratreichen Nudeln, benutzen wir Zoodles – Zucchini Nudeln.

Zeit: 20 Minuten

Portionen: 4

Zutaten:

- 1 TL Zitronenzeste (frisch gerieben)
- 1 EL Knoblauch (fein gehackt)
- 2 EL Zitronensaft
- 2 EL Olivenöl
- 55 g Butter
- 6g Petersilie
- 250 ml trockener Weißwein
- 600 g kleine Muscheln (Klaffmuscheln)
- 600g Zoodles
- Schwarzer Pfeffer
- Salz

Anleitung:

1. Olivenöl, Butter, Salz und Pfeffer in einem Topf bei mittelhoher Hitze verrühren.

2. Knoblauch dazugeben und etwa 2 Minuten braten, bis er duftet.

3. Zitronensaft und Wein dazugeben, ziehen lassen, bis die Mischung etwas reduziert ist, etwa 2 oder 3 Minuten.

4. Die kleinen Muscheln dazugeben, und sie 2 bis 3 Minuten kochen lassen, oder bis sich alle Muscheln geöffnet haben. Die Muscheln, die sich nicht öffnen, wegwerfen.

5. Den Topf vom Herd nehmen und die Zoodles dazugeben.

6. Vorsichtig schwenken, bis die Nudeln ganz überzogen ist. Dann beiseitelegen, bis sie weich genug sind.

7. Die Zitronenzeste und die Petersilie hineinrühren. Nach Belieben mit Topping wie Käse, Schinkenspeck, roten Paprikaflocken, und mehr garnieren.

## Schlussbemerkung: Es ist an der Zeit, sich in der Küche an die Arbeit zu machen

So, jetzt haben Sie die benötigten Grundlagen, um großartige Speisen in Ihrer Küche vorzubereiten. Die Tage, an denen Sie mit Ihrer Diät nicht mehr weiterkamen, und die Langeweile Sie fast dazu trieb, zu Ihren ehemaligen Ernährungsgewohnheiten zurückzukehren, sind jetzt hinter Ihnen. Jeder, der gerade mit der Keto-Diät beginnt, findet es schwer, sich an den eingeschränkten Diätplan zu halten – aber von jetzt an muss das für Sie kein Problem mehr sein.

Eine der wirksamsten und nachhaltigsten Methoden, um sich an eine neue Diät zu halten – besonders an die ketogene Diät, welche ziemlich einschränkend ist, und die mit mancherlei Regeln verbunden ist – ist selbst zu kochen. Dies ist wahrscheinlich der Grund, warum Sie sich ursprünglich entschieden haben, dieses Buch zu kaufen. Sie wollten mehr Abwechslung in Ihren Diätplan bringen, indem Sie lernen, wie man

Keto-gerechte Fisch- und Meeresfruchtrezepte kocht. Die gute Nachricht ist, dass das genau das ist, was Sie anhand dieses Buches gelernt haben. Abgesehen von den Rezepten, haben wir Ihnen informationsreiche Kapitel über Fisch, Meeresfrüchte, die Vorteile dieser gesunden Nährmittel, und vieles mehr, angeboten.

Im ersten Kapitel haben Sie mehr über Fisch gelernt – die Arten, die Sie essen können, die Arten, die Sie vermeiden sollten, und warum es eine großartige Idee ist, Fisch zu essen, wenn man der Keto-Diät folgt. Im zweiten Kapitel haben Sie dieselbe Information über Meeresfrüchte bekommen. Ihre neuen Kenntnisse auf diesem Gebiet helfen Ihnen, bessere Entscheidungen zu treffen, welche Meeresfruchtarten Sie in Ihre Diät einschließen können. Außerdem haben Sie von den gesundheitlichen Vorteilen gelernt, welche Fisch und Meeresfrüchte mit sich bringen. Dies hilft Ihnen zu verstehen, warum Sie mehr davon essen sollten, wenn Sie sich ketogen ernähren.

Im dritten und vierten Kapiteln haben Sie einige Fisch- und Meeresfruchtrezepte kennengelernt, welche Sie in Ihrer eigenen Küche anfertigen können. Ob Sie ein Neuling in der Küche sind, oder Sie schon vor dem Beginn der Keto-Diät selbst gekocht haben – Sie können mühelos diese

Gerichte zubereiten, indem Sie die einfachen Schritte, die in diesen Rezepten dargestellt wurden, nachmachen. Nun, da Sie mit so viel guter Information ausgerüstet sind, ist es an der Zeit, dass Sie sich an die Arbeit machen!

www.ingramcontent.com/pod-product-compliance
Lightning Source LLC
LaVergne TN
LVHW010333070526
838199LV00065B/5733